WO DE CHULIAN
ZAI NALI

我的初恋在哪里

于七 著

长江出版传媒

长江文艺出版社

图书在版编目（ＣＩＰ）数据

我的初恋在哪里 / 于七著.-- 武汉：长江文艺出
版社，2020.11
ISBN 978-7-5702-1818-9

Ⅰ. ①我… Ⅱ. ①于… Ⅲ. ①诗集—中国—当代
Ⅳ. ①I227

中国版本图书馆 CIP 数据核字（2020）第 173449 号

责任编辑：谈　骁　　　　　　　责任校对：毛　娟
装帧设计：薩福書衣坊　　　　　责任印制：邱　莉　　王光兴

出版：　长江出版传媒　长江文艺出版社
地址：武汉市雄楚大街 268 号　　　邮编：430070
发行：长江文艺出版社
http://www.cjlap.com
印刷：广州市图希彩印有限公司

开本：640 毫米×970 毫米　　　1/16　　印张：6.75　　插页：2 页
版次：2020 年 11 月第 1 版　　　　　2020 年 11 月第 1 次印刷

定价：28.00 元

从"初恋"进入诗歌，或从诗歌返回"初恋"

安石榴

诗歌因何而生？在中国诗歌发展史上，很早就有"诗言志"和"诗缘情"之说，前者强调"在心为志，发言为诗"，指向诗歌的生发效果；后者强调"因缘于情，由情而生"，指向诗歌的生成效果。两者之间虽然存在着观念的差别，但应当是并行而不相悖的，很多时候被视作"情志相通""情志合一"，同时"志"与"情"的含义及范畴，也越来越宽阔，越来越广泛。

"诗缘情"最早由西晋文学家陆机提出，见于其重要著作《文赋》中的句子"诗缘情而绮靡，赋体物而浏亮"，意思就是说诗歌因情而生，是为了抒发美好的感情，要赋予事物明朗的形象。也可以这样理解，诗歌源于诗人内心情感的触动和流露，从而运用华美的辞采、清晰的思路来对形成观照的事物展开描绘，起到抒情达意以及艺术化的效果。

"诗缘情"之说，于今天仍然非常值得借鉴。最近读到身在广东中山的诗人于七即将出版的诗集《我的初恋在哪里》，并受邀为之作序，在阅读过程中，我不断被他诗中那些由情而生、由情而至的句子触动，不由自主地联想到了"诗缘情而绮靡"这一流传不衰的重要诗学。就我看来，于七在《我的初恋在哪里》这部诗集里所呈现出来的诗作，正是秉承了"诗缘情"的真义，从个人的"心物"而至情感、体悟，连续发散发挥，达成了具有情意与志趣的"情志合一"。

《我的初恋在哪里》是这部诗集的开篇之作。我不知道如此安排是否作者有意为之，但无疑引起了我的猜想，觉得其间必定隐藏着什么，或许可以从中找出某种"密码"。起初，我并没有特别的感觉，因为从表面看来，这首诗作就是对流逝久远、已然迷失的初恋的追忆，是对业已模糊的最初恋人与少年情愫的怀想，然而，随着阅读的深入，及至读完了整部诗集中的作品，我又回过头来重读《我的初恋在哪里》，蓦然发现，这里的"初恋"或许并不仅仅是指男女之间的初恋，还代表了那些"初恋"般的"元情感"，比如亲情、友情、乡情、人生观、价值观等，这些都是贯穿人类一生的生命与记忆的情感，尽管并不都是与生俱来，甚至会在成长的过程中发生变化，但不可否认具有原初的意义，具有普遍性和象征性，可以说是每一个人都必然携带的从蒙昧到清醒、从微弱到强烈的终生情感。

在此，我将于七诗中惯常出现的情感元素称之为"初恋"般的情感，虽然不免牵强附会，但无疑提供了一种由趋同到细节、文本、整体的介入方式，是基于其诗歌写作面貌的实际指认。"初恋"也可理解为"初心",与佛教所言的"初发心"是相通的,就是指当初的心意,是一开始就抱有的真挚、信念和执着。如此来看,我们就可跳开从字词表面上对"初恋"的浅显解释,探寻这一词语所延伸的意境,从而把握于七诗中密集出现的情感元素,进入到他由此或明或暗呈现的诗歌世界当中。

那么,哪些才是于七诗中的"初恋"般的情感?按照我的阅读感受,我时不时就会被他诗中的这些情感元素触碰到,比如童年记忆、同窗情谊、青春阅历、亲恩师情、乡土情怀、历史意识、哲思感悟等,这些,应该说是每个人内心都深深蛰伏着的情感,无一不是随着生命的诞生、人生的展开而自然持有的,旷日持久并且不可消除,无法丢弃反而累积更多。当然,每个人的人生轨迹和生命阅历并不一样,因此这些情感虽然是普遍性的、长久性的,但各人的领会及言说依然具有独特的魅力。于七自然有着自我的抒发方式,从他的诗中不难找到踪迹，谨以《纸飞机》一诗为例：

蓝蓝的天空下，
田野上飞纸飞机，
到处都留下了童年的足迹。

黄昏的村子里，
捉迷藏轻声细语，
角落里充满了无穷的乐趣。

朗朗的读书声，
课堂上罚站挨批，
铃声一响嬉笑打闹又调皮！

这首仿如童谣的诗，语言朴实清新，诗意层层推进，结构明晰完整，难得的是全诗轻松活泼，情景交融，书写遥远的童年记忆却犹如近在眼前，使读者轻易就获得感同身受的共鸣。这就是"初恋"般的情感，予人青涩、甜蜜、感动、怀念。从另一个角度看，这样的题材、立意，不能不说是写旧写滥了的，普遍的情感虽然容易引人关注，但很容易落入俗套，于七当然明白这一道理，但他仍然不追求新奇，忠实于情感的自然萌发，并且写出了令人眼前一亮的作品，殊为难得。

《纸飞机》是我随手拈出的一个例子，可作为对于七诗歌阅读的一个参照，我想证明的是，于七正是以诸如这样的方式，由自心出发，聚焦人们内心原初的、柔软的情感部分，召唤美好心灵的回归。可以这样去说，他由"初恋"而进入诗歌，或者说由诗歌而返回"初恋"，力图唤醒人们在现实中陷入的淡忘、冷漠、麻木种种，让人们心底重新荡漾起"初恋"般的热情、憧憬、温暖等等。

当然，这只是我个人对于七诗歌的一种解读，或许谈及的只是一个方面，但这是我所看到的这批诗歌的主要特色及亮点。《我的初恋在哪里》这部诗集，按体裁分为两个部分，一部分是现代诗歌，另一部分是古体诗歌，现代诗歌多着眼于人情世态、思绪情怀，古体诗歌多落笔于山水行吟、咏物怀古，无论是现代诗歌还是古体诗歌，都简明利落，寄寓分明，平淡中见深刻，点染中入意趣。回到前面引入的"诗缘情而绮靡"之说，于七的诗，确实"因缘于情，由情而生"，却并不"绮靡"，没有浮华晦涩的词句，没有夸张造作的刻意，又并不那么循规蹈矩，既沿袭传统而又打破局限，既严谨呼应又信笔由缰，自由率性，不拘小节。这样的态度举止，也当真具有"初恋"之趣。

2020 年 6 月，南风台

（安石榴，著名诗人、散文家。中国"70后"诗歌运动主要发起人之一。）

目录

上篇　现代诗歌

我的初恋在哪里

我的初恋在哪里，
是在小学初中，
还是在象牙塔里？
为了生计疲于奔波，
悄然迷失，
何处寻觅！

我的初恋在哪里？
是谁撒下情义，
牵引少年追梦去，
不怕艰辛不管风雨，
一路高歌，
永不放弃。

我的初恋在哪里？
原始冲动未熄，
只因她朦胧美丽，
羞涩低头微笑甜蜜，
依然清晰，
未曾忘记。

2019.5.25

岐江吟

神龙划破喧闹，
却被铁链裹牢，
激起阵阵汹涛。
难道——
悠悠的蓝天之下，
富华的步行者，
依然匆匆自扰，
从未向上帝祈祷，
任由热血飘渺？

2002.10.1

游子梦

——仅以此诗缅怀诗人余光中先生

小时候，
天地是一片欢声笑语，
我有时在田边，有时在梦里。

长大后，
世界像一场搏击游戏，
我有时在拼力，有时在哭泣。

到如今，
现实如一盘象棋残局，
我有时在思索，有时在舍弃。

看未来，
梦想似一张模糊油画，
我有时在回忆，有时在梦里。

2017.12.15

同学情

曾经一起拼搏的兄弟，
如今相隔一方。
曾经充满梦想的青春，
如今漂泊他乡。
曾经意气风发的少年，
如今两鬓有霜！

找个理由和同学聚聚，
只为喝杯小酒说说从前。
找个机会与同学见面，
只为看看老友倾诉寒暄。

同学是前世的债，
需要偿还漫长的一生。

同学是今世的缘，
不管远近都芬芳香甜。

2017.1.10

书

书是一扇窗，
你站得越高，
透过窗就看得越远。

书是一面镜，
你照得越勤，
通过镜便更懂自己。

书是一段路，
你走得越多，
所看风景就越光鲜。

书是一壶茶，
你尝得越细，

所品芬芳便越香甜。

2017.11.29

纸飞机

蓝蓝的天空下，
田野上飞纸飞机，
到处都留下了童年的足迹。

黄昏的村子里，
捉迷藏轻声细语，
角落里充满了无穷的乐趣。

郎朗的读书声，
课堂上罚站挨批，
铃声一响嬉笑打闹又调皮！

2019.6.1

天使的翅膀

曾经的梦想，
就像可爱的天使，
插上了七彩的翅膀。

现在的惆怅。
恰如秋天的落叶，
枯萎花黄随风飘荡。

未来的向往，
好似冰雪的梅花，
亭亭玉立独自芬芳。

2019.9.8

一个人的旅行

一个人旅行，
一个人的独处。
非常惬意，
偶然静寂。

有空翻翻书，
时而散步小饮。
攀登高峰，
寻觅古迹。

也许是天意，
让你回归自己。
漫无边际，
充满诗意。

2019.8.20

翱翔吧，雄鹰

鹰老四十知蜕变，
人近不惑要重生。
每次看到这段视频，
听着这音乐，
我的眼镜都湿润了……

不知您看后是何感悟。
是被深深触动，
还是未曾经历，
或是恰好遇到仍在挣扎？

鹰的蜕变需五个月，
人的重生要三五年。
年年岁岁花相似，

岁岁年年人不同。

有过彷徨有过挣扎，
经过奋斗有所感悟，
你的人生将从此与众不同。
知道不易懂得珍惜，
学会放下心怀感激，
吃过当下的苦，
放眼未来的路，
还有什么害怕和痛苦？

抬头望一望天空，
低头看一看道路，
曾经的孤独无助，
谁拯救？

落入低谷，
更要重整旗鼓，

当再次和亲朋牵手，

你将不会再迷茫，
就像雄鹰在蓝天下翱翔！

2018.6.30

诗之光

人生沧桑，
请点亮诗的烛光，
穿越岁月的忧伤。

你我相仿，
架一座七彩桥梁，
跨越心灵的旧窗。

古今相望，
看高铁飞驰空旷，
追随那诗和远方！

2019.9.29

悼念鲁迅先生

一声铿锵的呐喊，
多少黑夜的彷徨，
终化成一枚赤热火炬，
高举在中华民族的前方。

横眉冷对的目光，
躲进小楼的骨感，
文弱的身躯抽烟思探，
开辟了雄壮的文化战场。

五十五年的激昂，
八十三载的回望，
一代代新青年的敬仰，

其光辉依然照耀着东方！

2019.10.19

五四百年赞歌

百年前的今天，
一群青年奔向街头，
以青春呐喊，
用热血铺垫，
如熊熊火焰，
点燃了民族心灯。

百年来的沉淀，
多少志士勇往直前。
踏战火硝烟，
在海边画圈，
似痴狂少年，
开创了时代新生。

百年后的今天，
五四风雷依然涌现。
趁改革春风，
谱开放诗篇，
像激情恋人，
一起携手追梦明天。

2019.5.4

微诗

一两句感悟，
两三行情丝，
轻轻触摸着她的背影。

2019.9.17

白塔河

急流叠石浅滩，
迎面撞上村前的庙岭，
回旋后深不可测。

2017 年中秋

放慢你的脚步

放慢你的脚步，
人生百年时觉短促。
走累了就歇歇，
看看花草和树木，
赶得太急容易迷路。

放慢你的脚步，
一路走来已近半途。
走错了就回头，
停下来想想当初，
你我方向有无偏误？

放慢你的脚步，
家人同事亲戚朋友。

曾经痛哭流涕，
谁是最亲爱的人，
跌倒爬起仰望星空。

2019.8.17

请善待你的丈夫

请善待你的丈夫，
男人没有你想象的那么坚强。
职场的拼杀，
无奈的惆怅，
强忍着伤痛却不愿声张，
丈夫的寿命因此缩短！

请善待你的丈夫，
男人并非看起来的那么冷淡。
内心的疼爱，
期待的温存，
经常被抱怨却笑脸相伴，
丈夫的激情由此消亡。

请善待你的丈夫，

男人是你一生的相依相伴，
见到就唠叨，
整天搞冷战，
为何要把美好的人生葬送？

请善待你的丈夫，
男人身在漂泊却心在家乡。
老婆的热茶，
子女的微笑，
一叶扁舟渴望有爱的港湾。

2018.1.16

感恩有你

感恩父母，
你们用爱情把我带到人间，
让我品尝到血浓于水的温馨。

感恩老师，
你们辛勤浇灌我幼小心灵，
让我体会到同学师生的真情。

感恩同事，
你们用雨伞帮我遮挡风雨，
让我在细心呵护下砥砺前行。

感恩爱人，
我曾默默地等待你的到来，

虽有花谢花开但是果实永在。

感恩孩子，
你的到来带给了我们精彩，
欢声笑语仿佛回到童年时代。

感恩有你，
你我擦肩或许是前世有缘，
好好珍惜相知相伴直到永远。

2018.8.5

当你老了

当你老了，
是否有过无悔的青春，
她短暂得让人嫉妒。

当你老了，
是否干过自豪的事情，
在回味时依然满足。

当你老了，
是否有子女常来看望，
此时陪伴才是幸福。

当你老了，
是否曾有人风雨同舟，

珍惜放弃都成心路。

当你老了，
是否还能打牌散散步，
寂寞空虚时觉无助。

当你老了，
是否后悔所犯的错误，
人生无常当下醒悟。

2019.9.6

母爱的春天

我哇的一声，
哭着来到人间，
在那个寒冷的冬天。
母亲的心很疼，
昏迷中没有看见，
冻得发紫的小不点。

十九岁的花季，
慢慢舒展开笑颜，
焕发出母爱的春天。
慈祥的阿婆，
赶紧端来火炉，
温暖刹那充满人间。

2020.5.9

天魔

妖艳的身姿，
像美女蛇一般，
捆绑着你的双腿，
缠绕着你的身躯，
使你无法自由进退。

魔性的声音，
时而引诱妩媚，
时而高亢无畏，
如天使穿梭星空，
让你在不觉中沉醉。

是谁，
从天上摘下心魔，

放在人间捣鬼？

逃走时，
又如游丝，
似乎依然风光妩媚。

2020.3.22

凤凰涅槃

从那遥远的地方，
飞来一对凤凰，
她们只栖梧枝，
四处寻来香木，
准备好了浴火的较量。

老屋前的梧桐树，
已不知去向，
祖坟边新生两棵梧桐，
却被柴刀砍断。
远来的凤凰啊，
有没有栖脚的地方？

星移斗转，
五千年的沧桑，
五百年的回望，
是时候作生死的考量！
凤追凰，凰逐凤，
即即足足，
熊熊的烈火，
考验着爱的光芒。

曾经的彷徨，
新生的挣扎，
未来的梦想，
都化成一场浴火。
灰烬火传，
把一盏心灯留给太阳。

2019.9.30 中山

你若盛开

你若盛开，
蝴蝶自来。
不必焦虑，
也不要感慨。

你若盛开，
春天到来。
不惧寒冬，
请耐心等待。

你若盛开，
梦想未来。

不计过往，
把握好现在。

2020.5.2

诗的翅膀

童年的欢笑，
洒满了田野山冈，
带你去寻觅，
知了躲藏的地方。

校园的铃声，
像激昂的乐章，
吹散了，
青春的迷茫和惆怅。

尘世的风沙，
无情而狂乱，
多少人，
迷失了人生的方向！

我迷惘又彷徨，
跌倒再爬起，
挣扎中，
找回了真正的自己。

觉醒后，
我插上了诗的翅膀，
飞向蓝天白云，
在阳光下自由翱翔。

2017.6.22

回家乡

我们相距千里，
平时很少联系，
但若是真朋友，
都会把彼此放在心里。

人和人之间，
不要去攀比斗气，
相隔多年，
你我都有不同的经历。

从前的回忆，
现在的差异，
思念的心绪，
新的交流才更有意义。

道德无古今，
情义不偏离，
但愿见面时，
我们还是原来的自己。

2018.4.1

故乡魂

音乐可以疗伤，
灵魂也会歌唱。
欢乐或悲伤，
是谁造就了你，
像只迷途的羔羊！

打开心灵天窗，
放飞七彩梦想。
孤独与彷徨，
走进灵魂深处，
回到温柔的故乡。

2019.6.28

水之韵

上善若水，
静静地滋养万物，
一心往低处流，
无怨无悔，
处众人之所恶。

水积成溪，
涓涓婉转如孩童，
磕磕碰碰地走，
濒临悬崖，
却义无反顾！

水汇成河，
浩浩荡荡似队伍，

波涛汹涌地冲，

山川草原，
一刻不停留。

水入大海，
漫无边际地遨游，
平静安然如初，
依着落日，
染成夕阳红。

2020.5.18

下篇　古体诗

年近不惑

人生短短几十年，
回归自我方成仙。
青春无悔好折腾，
迷茫十载忆从前。
年近不惑更疑惑，
猛摔一跤跌青脸。
浪子回头终靠岸，
拂去风尘始悠闲。

2016.12.19

游天龙山

天龙抬头回正觉，
盆地青莲迎清风。
葡萄美酒会亲友，
粽子飘香逍遥游。

2018.6.18

谷雨

谷雨细如丝，
吹拂杨柳池。
燕归老农笑，
人勤报春时。

2019.4.20

荷花

莲池碧连天，
随风荡无边。
荷花不争春，
夏至泛红颜。

2017.8.1

立秋随感

夏练三伏一身汗，
秋风萧瑟带雨凉。
酒经沙场觅归途，
几人清醒几人寒。

2017.8.7

冬天的树

天未下雪叶已落，
空山静坐成蹉跎。
几阵斜风细雨后，
枯枝前头出新萝。

2019.12.24

滇池边

漫天红尘遮望眼，
一心静坐滇池边。
盘龙长啸风起浪，
绿水青山住神仙。

2018.9.13. 昆明

孙悟空

顽石出灵猴，
变化无影踪。
志大闹天官，
身困五行中。
拜师去取经，
磨难不见尿。
灵山一回游，
斜月三星洞。

2018.5.17

济公

一把破扇扫四方，
两袖清风济沧桑。
世人笑我太疯癫，
我笑世间多悲凉。

2019.12.15

布袋和尚

大肚弥勒乐悠悠，
常笑时人几多愁。
放下布袋不吭声，
提起布袋往前走。

2018.10.21

蝉

知了知了口头禅，
蝉鸣炎夏高枝上。
历经几番风和雨，
脱胎换骨音更亮。

2017.5.15

六祖感怀

惠能不识字，
却成空灵诗。
潜行十五载，
适时方布施。

2018.1.22

梦参和尚

凤飞五台山，
长鸣一梦参。
祥云绕天际，
净悟生真禅。
半生随梦缘，
百岁老和尚。

2017.12.7

东坡吟

宦海漂泊天涯边，
一时糊涂笑佛仙。
赤壁怀古望日落，
人生悲欢叹月圆。

2018.10.8

叹李白

少年出蜀道，
郊游送浩然。
出门佩宝剑，
不做蓬蒿人。
宦海竞沉浮，
半生在流浪。
三上黄鹤楼，
夕阳望长安。

2018.3.23

杜牧

小杜大才生晚唐，
七绝独步文飞扬。
牛李党争弄时运，
旧第朱门居长安。
扬州一觉十年梦，
雁过黄山声流传。

2019.9.19

唐诗吟

大唐兴衰三百年，
古今诗韵至高点。
佳人才子争斗艳，
出凡入圣不羡仙。
游山玩水有知己，
抚琴饮酒送友人。
才高八斗屈指数，
谁知一诗传千古！

2016.12.15

心灯

人生漫漫似迷宫，
目光所及行匆匆。
点亮心灯破尘雾，
风轻云淡花丛中。

2019.9.5

晚风

日照金蝉闹，
天晚风越高。
坐靠树边椅，
月弯碧叶摇。

2019.5.4

晨曦

旭日东升破晨雾，
翠鸟时鸣绿丛中。
最喜北国冰封雪，
春回大地别样红。

2019.12.26

听雨

连夜三天雨，
梦醒看枝绿。
蛙声叫春来，
桃花正艳奇。

2020.3.4

饮酒江边

斜月江上映碎银，
依稀水墨画树影。
久违乡音恰杯酒，
晚风吹拂浪子心。

2019.7.16

盼月圆

碧月圆不圆，
昨夜秋分天。
阴晴多变幻，
游子念亲恩。

2018 年 中秋

看风云

日里忙未停，
夜半看风云。
白云飞驰过，
天蓝不见星。
阵阵凉风吹，
叶叶藏雨音。
风云多变化，
睡意已涟漪。

2019.7.2

西楚霸王

少不好读书，
陇野起兵闯。
巨鹿拔秦山，
西楚称霸王。
帐前疑忠良，
垓下风飞扬。
四面楚歌来，
江东在何方？

2019.6.6

黄粱梦

神宗变法风雷动，
梅花暗香且过冬。
五百年后天抖擞，
可怜才子几度梦。

2019.8.17. 抚州

王阳明

年少聪慧知天命，
龙场静悟得大定。
戎马生涯传所学，
临终一呼心光明。

2019.8.21. 吉安

圆觉吟

乾坤易扭转，
人生似梦幻。
自性真如来，
无法可思量。

2018.4.23

读书

国学广微不易通，
文字简雅浅难懂。
白话诗风依民谣，
诸子百家多情种。
古今圣贤学亦乐，
中外先哲道一统。

2019.12.31

与子同行

一声号哭似春雷，
默默七年获新生。
天真撑起将军肚，
性善飞翔白云边。

2018.2.10

桃花缘

滚滚红尘扑面来,
漫山桃花一夜开。
回乡游子留不住,
桃李正熟谁人摘?

2020.5.20

荡秋千

细麻纠缠拧股绳，
节节攀升成一线。
绳结打开绕半圈，
挂上树梢荡秋千。

2019.11.17

漓江吟

一片绿水几道弯，
急滩叠石桂花香。
来日常在河边住，
岁月悠悠忘青山。

2016.10.6

白塔河

龙虎山下白鹭飞，
天鹅湖边布谷回。
村头庙岭水流缓，
绿树翠影共依洄。

2020.1.27

青竹

竹青叶尖空心肠，
日晒雨打随风扬。
直上云霄有气节，
终有翠鸟立枝上。

2019.11.2

"山竹"

山高安风雨，
竹青伴水流。
预知台风来，
品茶解烟愁。

2018.8.1

蝶恋花

蝴蝶翩翩飞，
花儿自个美。
谁言蝶恋花，
花在赏蝶飞。

2018.3.19

琵琶吟

一路泥泞多憔悴，
半生坎坷少欢愉。
琵琶反弹他是谁？
珠落玉盘声似泪。

2019.5.20

游古鹤村

清明时节循古道，
鹤鸣岐澳上青天。
逝者幽远不可追，
游子哀叹成路人。
阴雾茫茫木棉花，
迁路漫漫石巷前。
青云不见小儿欢，
默默七年换人间。

2020.4.4

海棠花

玉树临风枝叶壮，
一片花红做衣裳。
喜阳耐寒百花尊，
清明节前甚思乡。

2018.1.8

诗意人生

千古诗词蕴哲思，
读懂几首通无师。
独上西楼探月穹，
春风化雨或相知。

2020.3.25

跋

黄金明

一个"情"字，贯穿了诗人于七诗集《我的初恋在哪里》的写作，涵盖了恋情、亲情、友情、乡情等种种情感、情分或情义。"初恋"是"朦胧美丽""羞涩甜蜜"的，这是诗人对爱情的最初印象（也可能是作者步入社会的印象）——既是初始的、纯真的、新奇的，却也是未知的、变幻的、不确定的乃至会"悄然迷失"的。这是梦想的翅膀，也是理想的引擎，象征着生命的激情和思想的火光，虽偶有遗失，却总能因"未曾忘记"而随时觅回。无论是现代诗还是古体诗，作者的笔触都灵敏如蜂鸟，细致如抽丝，生动如繁花，或叙事状物，或记人写景，或读史诵经，都有深刻的理解和描述。万物也有情，作者写雄鹰、凤凰、荷花、青竹、海棠诸物，多有寄寓，由此延伸至社会、人生乃至大千世界，抒情、言志及说理融会贯通，相互交响，这样的写作既神游八极，又有人间烟火，颇具现实感。作者听雨盼月，笑谈风云，抒发心中感悟，别有情怀，意趣盎然。写高僧、圣贤、诗人或名将等等，多是青史留名者（也有孙悟空等虽属虚构却家喻户晓的人物），谈古论今，臧否人物，显示了作者对某种人生境界的追慕与推崇。妙的是，新诗旧体均有《白塔河》一诗，新诗玄奥而现代，旧体清新而素净，都是佳构，让人眼前一亮。

（黄金明，诗人，小说家。）

后记

　　我自小酷爱文学，喜好研习学问，每有感悟，便欣然成诗文。去年五月，我读到画家吴冠中先生的散文《文学，我失恋的爱情》，遂又触动了我的文学梦，顿生感慨，即得《我的初恋在哪里》一诗。

　　近三年来，我在阅读文章、欣赏音乐时，常有灵感浮动，即成诗歌或短评于手机微信中，所得诗歌常与文章音乐同名，如诗歌《天使的翅膀》等。假期，我偶有出游山川、寻觅古迹，多有咏物怀古之作，或为律诗绝句，或为现代诗歌。故此诗集分为上下两篇，前为现代诗，后为古体诗。

　　就律诗绝句而言，多为率性之作，我

意和古体诗之韵，但亦有一些不合格律诗韵者，盖因得妙句也。随园先生云："须知有性情，便有格律；格律不在性情外。诗在骨不在格也。"杨万里曰："从来天分低拙之人，好谈格调，而不解风趣。风趣专写性灵。"我的古体诗，虽依灵感而作，但还未臻于火候，随性写下几首聊以自慰罢了。

就现代诗歌而言，我驾驭比较应手。其中有几篇如《凤凰涅槃》《悼念鲁迅先生》《天魔》等，我个人感觉写得还比较得意。很多新学诗的人觉得现代诗歌好写一些，律诗绝句要求太多太高难写成样。就个人写诗的体验而言，我反而觉得现代诗歌更难写些，因为用寥寥几句白话，要写出有韵味、有意境的"诗"，其实是非常不容易的。中国现代第一本白话诗集《尝试集》在五四新文化运动时期影响较大，但就诗歌的艺术成就而言，可以说是尝试未果的例子。

《尚书》云：诗言志，歌永言。古人

言简，诗言志的"志"可有多种理解，通俗的解释为志趣、性情之类。可以说，诗歌源于生活，出于性情，生于灵感，成于意境，一首好的诗歌是无法造作而成的。"自古豪杰多粗狂，诗一斟酌已无光"，"才高八斗屈指数，谁知一诗传千古"，诗歌本天成，妙手偶得之而已。晚唐诗人许浑也称"吟诗好似成仙骨，骨里无诗莫浪吟"，故诗歌宜出于性情，矫揉造作无上品。

五月知竹，人生知足。此诗集，是我近几年所写诗歌的小结，搜罗成册，聊以自慰。在此，我要感谢中山市诗歌学会名誉会长李容焕先生和诗人黄礼孩先生，他们为我出诗集之事出力甚多。

于七

2020.5.20